LES RÉCIFS CORALLIENS

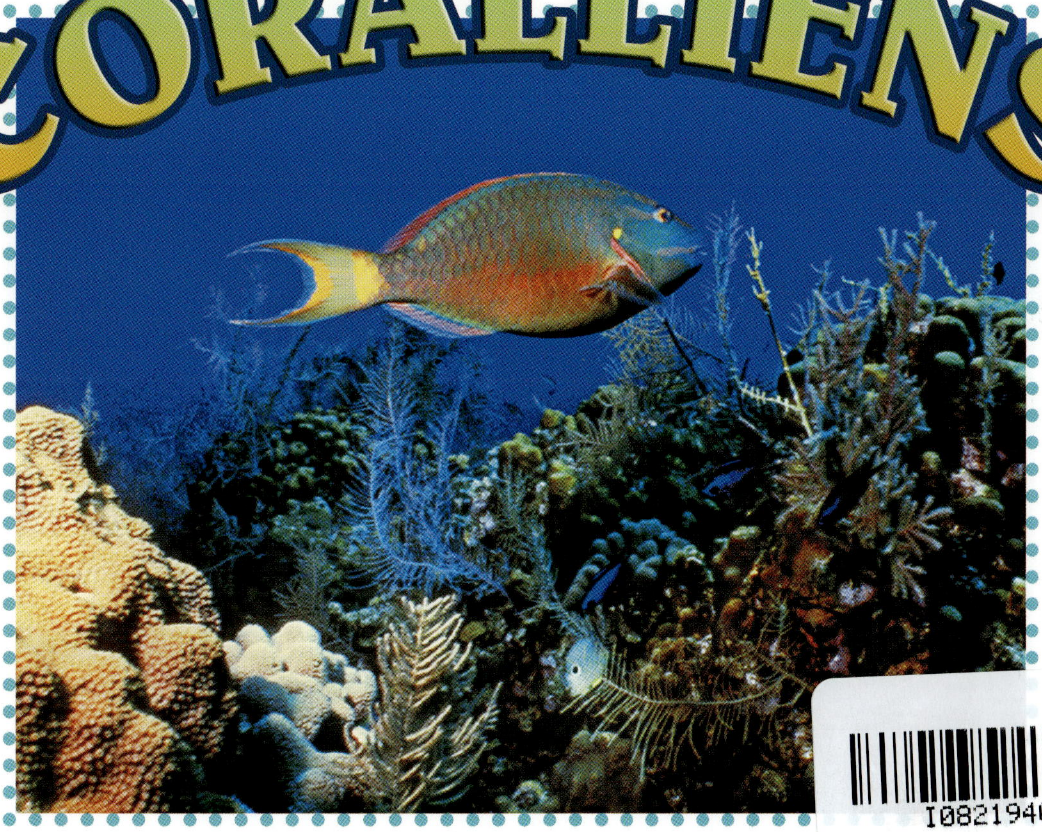

Kelley MacAulay et Bobbie Kalman

Traduction : Marie-Josée Brière

Les récifs coralliens est la traduction de *Coral Reef Food Chains* de Kelley MacAulay et Bobbie Kalman (ISBN 0-7787-1994-4)

Catalogage avant publication de Bibliothèque et Archives nationales du Québec et Bibliothèque et Archives Canada

MacAulay, Kelley

Les récifs coralliens

(Petit monde vivant)
Traduction de : Coral reef food chains.
Pour enfants de 6 à 10 ans.

ISBN 978-2-89579-229-1

1. Écologie des récifs coralliens — Ouvrages pour la jeunesse. 2. Chaînes alimentaires (Écologie) — Ouvrages pour la jeunesse.
3. Récifs et îles de coraux — Ouvrages pour la jeunesse. I. Kalman, Bobbie, 1947- .
II. Titre. III. Collection : Kalman, Bobbie, 1947- . Petit monde vivant.

QH541.5.C7M33614 2009 j577.7'8916 C2008-942553-7

Recherche de photos
Crystal Foxton

Conseillère
Patricia Loesche, Ph. D., Programme de comportement animal,
Département de psychologie, Université de Washington

Illustrations
Barbara Bedell : pages 3 (poissons, sauf en haut à droite ; hippocampe, coraux, requin et gorgone), 4 (poissons, sauf poisson bleu ; hippocampe), 5 (sauf poisson en haut à droite), 9 (lamantin et requin), 11 (requin et poisson du bas), 13 (zooxanthelles), 20, 24 (en bas à gauche et bactéries), 25, 27 (sauf poisson bleu et arrière-plan) et 31 ; Tammy Everts : page 3 (gorgone)
Katherine Kantor : pages 4 (carte et poisson bleu), 10 (poisson du haut), 11 (poisson du haut), 12, 24 (requin) et 27 (poisson bleu)
Cori Marvin : pages 3 (poisson en haut à droite), 5 (poisson en haut à droite) et 10 (poisson du bas)
Margaret Amy Reiach : pages 3 (tortue de mer, plantes, palourdes et pieuvre), 9 (soleil et plante), 10 (plante), 11 (tortue de mer et plantes), 13 (loupe), 24 (plantes et loupe) et 27 (arrière-plan) ; Bonna Rouse : pages 3 (étoile de mer) et 4 (étoile de mer) ; Tiffany Wybouw : page 15

Photos
Kathy Boast – www.kathyboast.com : page 15
Seapics. com : © David Wrobel : page 14 (en bas) ; © James D. Watt : page 17 (en bas) ; © Dave Forcucci : page 29 (en haut)
Visuals Unlimited : Hal Beral : page 21 (à gauche)
Autres images : Corbis, Corel et Digital Stock

Nous reconnaissons l'aide financière du gouvernement du Canada par l'entremise du
Programme d'aide au développement de l'industrie de l'édition (PADIÉ) pour nos activités d'édition.

Conseil des Arts du Canada Canada Council for the Arts

Bayard Canada Livres Inc. remercie le Conseil des Arts du Canada du soutien accordé à son programme d'édition dans le cadre du Programme des subventions globales aux éditeurs.

Cet ouvrage a été publié avec le soutien de la SODEC.
Gouvernement du Québec – Programme de crédit d'impôt
pour l'édition de livres – Gestion SODEC.

Dépôt légal – 1e trimestre 2009
Bibliothèque nationale du Québec
Bibliothèque nationale du Canada

Direction : Andrée-Anne Gratton
Graphisme : Mardigrafe
Traduction : Marie-Josée Brière
Révision : Johanne Champagne

4475, rue Frontenac
Montréal (Québec)
Canada H2H 2S2
Téléphone : (514) 844-2111 ou 1 866 844-2111
Télécopieur : (514) 278-3030
Courriel : edition@bayard-inc.com
Site Internet : www.bayardlivres.ca

Imprimé au Canada
Fiches d'activités disponibles sur www.bayardlivres.ca

Table des matières

Qu'est-ce qu'un récif corallien ?

Les **récifs coralliens** sont de grandes structures sous-marines qui se forment dans les eaux claires des mers tropicales, bien éclairées par le soleil. Les mers tropicales sont situées près de l'**équateur**, où il fait toujours chaud. Les récifs coralliens se composent de coraux. On dirait des plantes, mais en réalité, ce sont des groupes d'animaux minuscules qu'on appelle des « polypes ».

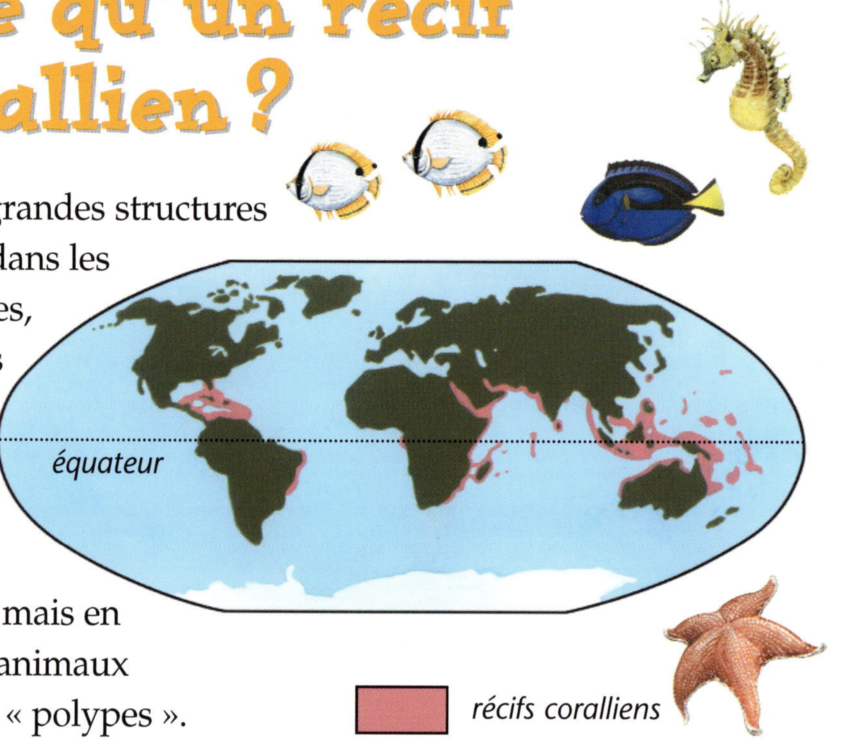

Des corps simples

Les polypes coralliens ont un corps mou, extrêmement simple. Ils n'ont même pas de cerveau ! Ils ressemblent à un tube percé d'une ouverture à une extrémité. Cette ouverture, c'est leur bouche. Elle est entourée de longs **tentacules**, avec lesquels les polypes attrapent leur nourriture.

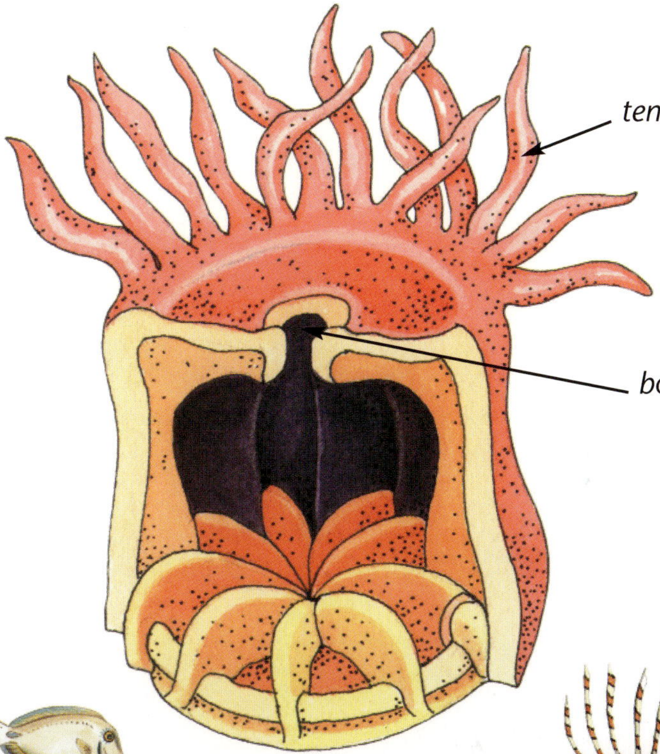

La formation des récifs

Les coraux de feu font penser à des flammes.

Certains polypes coralliens ont une carapace rigide qu'on appelle un « squelette ». Ces polypes forment des coraux durs.

Ceux qui n'ont pas de squelette forment des coraux mous.

Les récifs sont constitués uniquement de coraux durs.

Ce sont les différents types de coraux durs qui donnent aux récifs leur forme particulière. Ceux qu'on voit ici portent le nom de l'objet auquel ils ressemblent.

Les coraux cierges forment de hautes colonnes.

Les coraux corne d'élan évoquent les bois de cet animal.

Couche sur couche

Quand ils meurent, les polypes coralliens laissent leurs squelettes derrière eux. Avec le temps, l'amoncellement de ces squelettes forme un récif, auquel de nouveaux polypes viennent se fixer constamment. Lorsque ces coraux vivants meurent à leur tour, une nouvelle couche de squelettes s'ajoute au récif. La formation des récifs est un processus très lent.

Qu'est-ce qu'une chaîne alimentaire ?

Les récifs coralliens abritent différentes espèces de plantes et d'animaux. Comme tous les organismes vivants, ces plantes et ces animaux ont besoin de lumière, d'air, d'eau et de nourriture pour survivre. La nourriture leur est utile de deux façons. Premièrement, elle contient des nutriments. Ce sont les substances nécessaires à leur santé. Deuxièmement, elle leur fournit de l'énergie, qui leur donne de la force. Cette énergie aide les plantes à pousser, et permet aux animaux de respirer, de grandir et de se déplacer.

Ce poisson-perroquet arrache des morceaux de récif, mais ce n'est pas le récif qu'il mange ! Il se nourrit plutôt des petites plantes qui y poussent. Les poissons-perroquets ont au fond de la gorge des dents qui leur permettent de broyer les coraux pour les séparer des plantes. Une fois les coraux réduits en poudre fine comme du sable, ils les expulsent.

Nourriture maison

Savais-tu que les plantes fabriquaient elles-mêmes leur nourriture ? Elles se servent de la lumière du soleil. Très peu d'autres organismes vivants sont capables de faire la même chose.

Pour avoir de l'énergie

Les animaux, eux, ne peuvent pas fabriquer leur nourriture grâce à la lumière du soleil. Pour obtenir l'énergie dont ils ont besoin, ils doivent manger d'autres organismes vivants. C'est ainsi que se forment les chaînes alimentaires. Pour voir comment fonctionne une chaîne alimentaire, regarde le diagramme à droite.

L'énergie du soleil

Les plantes vertes captent la lumière du soleil et en prennent une partie pour se nourrir. Elles emmagasinent le reste, qui se transforme en énergie.

soleil

Quand un animal comme ce jeune lamantin mange une plante, il absorbe une partie de l'énergie solaire emmagasinée dans cette plante.

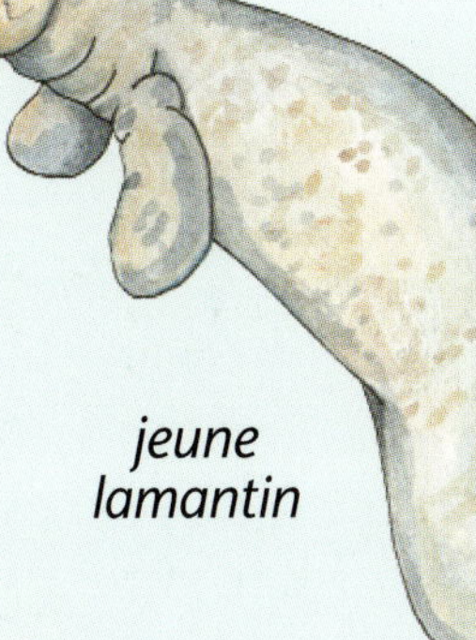

Si un requin mange le jeune lamantin, il absorbe à son tour une partie de l'énergie emmagasinée dans la plante, mais cette partie est moins grande que celle qu'a reçue le lamantin. La quantité d'énergie solaire qui se transmet ainsi diminue à chaque niveau de la chaîne alimentaire.

requin

Une chaîne à trois niveaux

Toutes les chaînes alimentaires comportent trois niveaux. Les plantes se situent au premier niveau, les animaux qui mangent des plantes forment le deuxième niveau, et les animaux qui mangent d'autres animaux couronnent le tout, au troisième niveau.

Des producteurs de nourriture

On dit que les végétaux sont des producteurs primaires. Ce sont les premiers maillons de la chaîne alimentaire. Les plantes produisent leur propre nourriture et entreposent la nourriture dont elles n'ont pas besoin.

Des mangeurs de plantes

Le deuxième niveau de la chaîne alimentaire est formé d'herbivores. Ce sont des animaux qui mangent des plantes. On les qualifie de consommateurs primaires parce que ce sont les premiers organismes vivants de la chaîne alimentaire qui doivent consommer de la nourriture. Les herbivores tirent de cette nourriture une partie de l'énergie solaire qui y est entreposée.

Des mangeurs de viande

Les carnivores sont des animaux qui mangent d'autres animaux. Ils se situent au troisième niveau de la chaîne alimentaire. On dit que ce sont des consommateurs secondaires parce qu'ils forment le deuxième groupe d'organismes vivants, dans la chaîne alimentaire, qui doivent consommer de la nourriture. Les herbivores et les autres carnivores qu'ils mangent leur fournissent moins d'énergie solaire que les plantes et les animaux des niveaux précédents n'en avaient reçu.

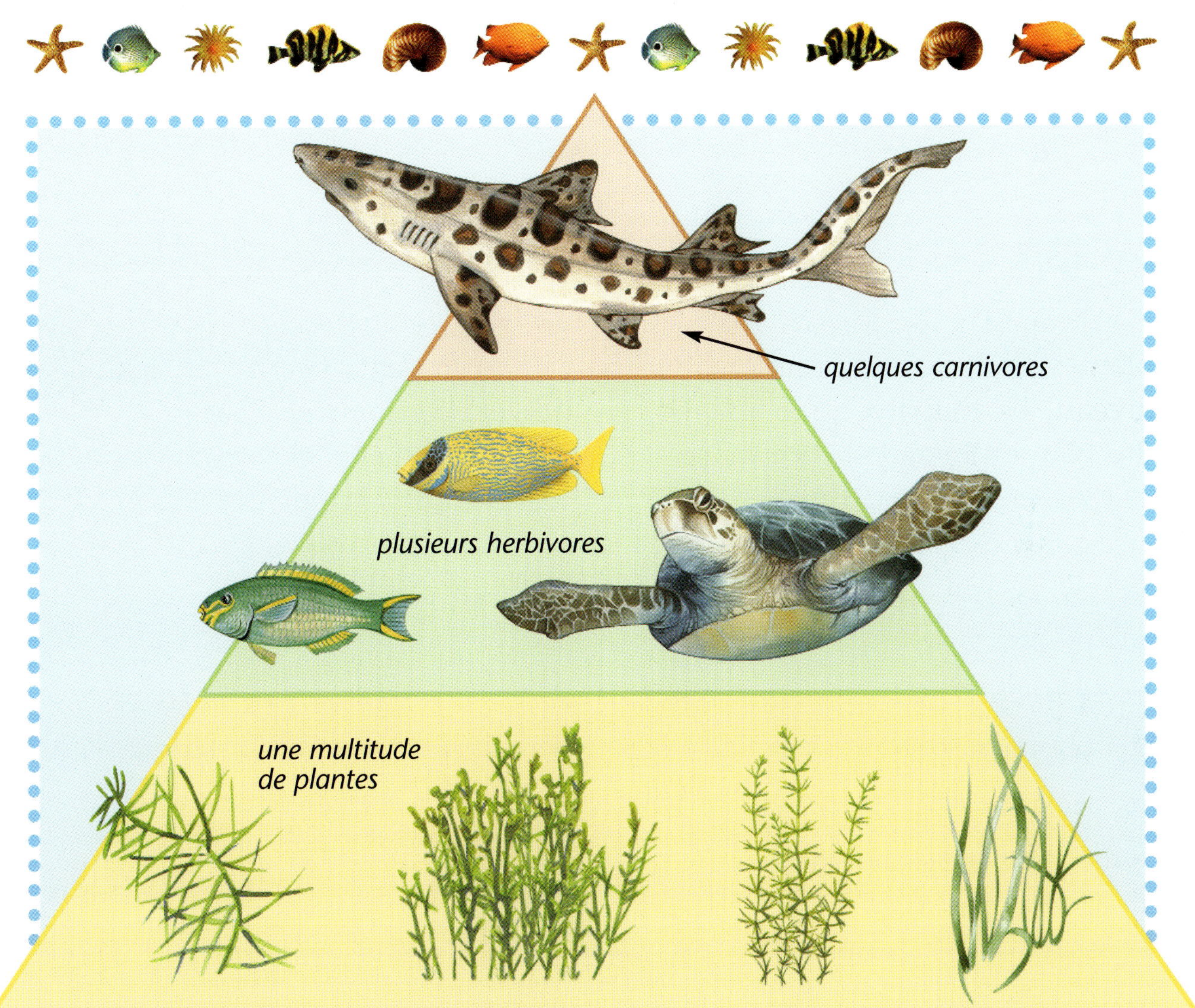

La pyramide énergétique

Les transferts d'énergie, d'un niveau à l'autre de la chaîne alimentaire, forment une pyramide. Le premier niveau de cette pyramide est large, pour montrer qu'il y a beaucoup de plantes. Il en faut beaucoup, en effet, pour fabriquer de l'énergie alimentaire. Le deuxième niveau est un peu plus étroit parce qu'il y a moins d'herbivores que de plantes et que chaque herbivore doit consommer une grande quantité de plantes pour survivre. Le sommet de la pyramide, enfin, est le plus étroit. C'est parce que chaque carnivore doit manger beaucoup d'herbivores pour trouver l'énergie alimentaire nécessaire à sa survie. Il y a donc moins de carnivores que d'herbivores.

Le soleil, source de nourriture

Le phytoplancton compte pour une bonne partie des végétaux qu'on retrouve dans les océans. Ce sont des algues **unicellulaires,** de minuscules plantes qui flottent à la surface de l'eau. Comme tous les végétaux, les plantes marines fabriquent leur nourriture à partir de la lumière du soleil, dans un processus qu'on appelle la « photosynthèse ».

En fabriquant leur nourriture, les algues unicellulaires libèrent dans l'océan un gaz appelé « **oxygène** ». Cet oxygène s'échappe ensuite dans les airs. Comme les océans couvrent une bonne partie de la Terre et qu'ils contiennent énormément d'algues, celles-ci produisent la majeure partie de l'oxygène que les animaux marins et terrestres doivent respirer pour rester en vie.

La photosynthèse

Les plantes marines contiennent un **pigment** vert appelé « chlorophylle ». Au cours de la photosynthèse, la chlorophylle absorbe la lumière du soleil, puis la combine avec de l'eau et du **gaz carbonique,** un gaz contenu dans l'eau de mer. La nourriture que fabriquent alors les plantes est un type de sucre appelé « glucose ». Les plantes utilisent une partie de cette nourriture et entreposent le reste.

De la nourriture pour les récifs

Il existe de minuscules plantes qui trouvent refuge dans les polypes coralliens. Ce sont des zooxanthelles, des algues unicellulaires qui survivent en s'installant à l'intérieur des polypes. Les zooxanthelles possèdent des pigments de couleurs vives, qui donnent aux coraux leurs teintes magnifiques. En réalisant la photosynthèse, les zooxanthelles libèrent du glucose et de l'oxygène dans le corps des polypes coralliens. Les polypes se nourrissent de ce glucose et respirent cet oxygène. Les zooxanthelles et les polypes ne pourraient pas survivre les uns sans les autres.

zooxanthelles

Des plantes au menu

Les récifs coralliens sont pleins de vie ! Certains des animaux qu'ils abritent sont des herbivores. Le zooplancton, par exemple, se compose de minuscules animaux qui flottent dans l'océan et qui se nourrissent de phytoplancton.

D'autres herbivores des récifs coralliens mangent des plantes plus grosses, par exemple des algues et des herbes comme la **zostère marine**. Le chirurgien bleu (à gauche) mange différentes sortes d'algues.

Les oursins

Les oursins sont des herbivores qui contribuent à la protection des récifs coralliens. Ils mangent surtout des algues… et ils en mangent beaucoup ! Heureusement, parce que ces plantes repoussent vite. Si les oursins ne s'en nourrissaient pas, les récifs seraient bientôt couverts de véritables forêts d'algues. Les nouveaux coraux n'auraient pas d'endroit où s'implanter, et les récifs mourraient.

De gentilles géantes

Les tortues vertes sont des herbivores qui vivent dans les récifs coralliens. Elles se nourrissent surtout d'algues et de zostère marine. Elles mangent tellement de plantes vertes que leur corps prend une teinte verte ! Ces grosses tortues de mer déchirent les plantes qu'elles mangent à l'aide de leurs mâchoires couvertes de bosses coupantes.

Il y a parfois de petites plantes qui poussent sur la carapace des tortues vertes. Quelques espèces de petits poissons se nourrissent de ces plantes. En échange de la nourriture que les tortues leur fournissent, ces poissons nettoient leur carapace.

Les carnivores des récifs coralliens

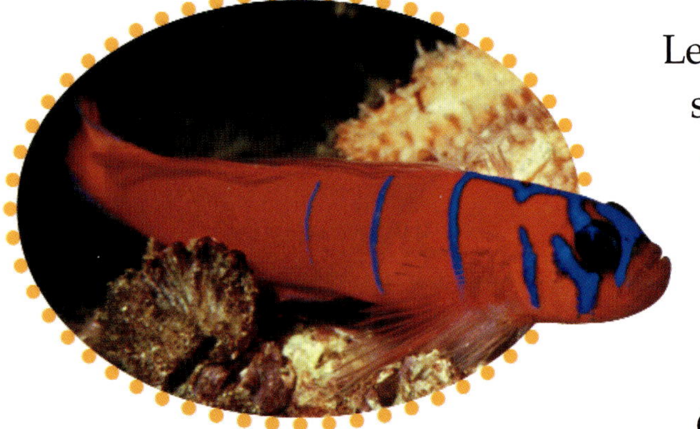

Les animaux des récifs coralliens ne se nourrissent pas tous de plantes. On y trouve aussi beaucoup de poissons carnivores, qui mangent d'autres animaux. Il y a en a des gros, comme les requins, et des tout petits, comme le gobie de Catalina qu'on voit à gauche.

Les prédateurs des océans

Beaucoup de carnivores sont des prédateurs, ce qui veut dire qu'ils chassent d'autres animaux pour les manger. Quand un prédateur mange un herbivore, on dit que c'est un consommateur secondaire. Ainsi, le barracuda qu'on voit ci-dessus est un consommateur secondaire quand il mange un poisson-perroquet, qui est un herbivore. Cependant, quand le même prédateur mange un autre carnivore, il devient un consommateur tertiaire. Le mot « tertiaire » signifie « troisième ». Comme les consommateurs tertiaires mangent des consommateurs secondaires, ils constituent le troisième groupe d'organismes vivants, dans la chaîne alimentaire, qui doivent consommer de la nourriture. Le barracuda devient donc un consommateur tertiaire quand il mange un autre carnivore comme un mérou.

Un équilibre à maintenir

Les prédateurs jouent un rôle important dans les chaînes alimentaires des océans. En mangeant leurs proies, ils contribuent à en garder les **populations** à des niveaux raisonnables. S'il y avait trop d'herbivores dans l'océan, ils y dévoreraient toutes les plantes.

Les anguilles servent de proies aux requins, mais elles n'ont pas beaucoup d'autres prédateurs. S'il n'y avait pas de requins, les populations d'anguilles grossiraient trop.

Les prédateurs apicaux

Presque tous les animaux marins servent de proies à d'autres animaux. Les grands requins, comme ce requin-tigre, n'ont toutefois pas de prédateurs. On dit que ce sont des prédateurs « apicaux ». Ils mangent des animaux de différentes espèces, par exemple des requins plus petits, des tortues vertes et des barracudas.

À la chasse

Dans les récifs coralliens, beaucoup d'animaux sont à la recherche de nourriture. Certains prédateurs, comme le sébaste qu'on voit à gauche, se cachent dans les crevasses des récifs. Quand une proie s'approche, ce poisson sort de sa cachette et se jette sur elle.

Le poisson scorpion, aussi appelé « rascasse volante », possède de longues épines venimeuses. Pour se nourrir, il pique ses proies avec ses épines et les avale tout rond ! Les poissons scorpions chassent souvent en groupes.

Des restes appétissants

Les prédateurs des récifs coralliens ne terminent pas toujours leurs repas. Des débris d'animaux morts se déposent donc au fond de l'océan et se transforment en charogne. Les animaux qui s'en nourrissent portent le nom de « charognards ». Ce sont des carnivores, mais pas des prédateurs parce que ce qu'ils mangent est déjà mort.

De bons nettoyeurs

Les charognards, comme le homard ci-dessus et le crabe à gauche, sont importants pour les récifs coralliens. S'ils ne mangeaient pas d'animaux morts, l'énergie alimentaire qui y est emmagasinée serait gaspillée. Et la charogne s'accumulerait bien vite autour des récifs ! En les débarrassant de cette charogne, les charognards contribuent à la propreté des récifs.

La grande évasion

La plupart des animaux des récifs coralliens risquent en permanence de se faire manger par des prédateurs. Avec le temps, beaucoup d'entre eux se sont donc adaptés de manière à leur échapper. Ce chiton, par exemple, porte près de la queue une tache qui ressemble à un œil. C'est ce qu'on appelle une « tache oculaire ». Elle sert à tromper les prédateurs, qui s'attaquent à la queue du poisson plutôt qu'à sa tête ! Quand le chiton voit un prédateur s'approcher de sa queue, il s'éloigne en vitesse.

Sauve qui peut !

Les pieuvres ont de nombreux trucs pour échapper aux prédateurs. La plupart peuvent produire des nuages d'un liquide qui ressemble à de l'encre. Ces nuages laissent les prédateurs désorientés et donnent aux pieuvres le temps de se sauver. Certaines pieuvres se dissimulent aussi en changeant la couleur de leur peau selon leur environnement. D'autres espèces peuvent même sectionner un de leurs bras, appelés « tentacules », si un prédateur s'en empare ! Un nouveau bras repoussera plus tard.

Quand il cherche à se nourrir, l'alutère écrit flotte la tête en bas pour tromper les prédateurs. Le plus souvent, les prédateurs prennent la queue du poisson pour un bout d'algue qui flotte !

Les omnivores des récifs coralliens

Les gorgones ressemblent à des plantes, mais comme tous les coraux, ce sont en réalité des animaux. Ce sont des omnivores, qui se nourrissent de plantes et d'animaux minuscules.

Certains animaux des récifs coralliens se procurent l'énergie alimentaire dont ils ont besoin en mangeant à la fois des plantes et des animaux. On les appelle des « omnivores ». Ils n'ont pas de mal à se nourrir parce qu'ils sont opportunistes, ce qui veut dire qu'ils mangent tout ce qu'ils trouvent.

Certains omnivores mangent d'autres omnivores. Par exemple, le poisson-globe qu'on voit ci-dessus se nourrit d'algues unicellulaires, mais aussi de différentes espèces d'animaux, comme les éponges tubulaires qu'on voit à gauche. Ces éponges sont elles aussi des omnivores.

Une belle entraide

Les anémones de mer et les poissons-clowns sont des omnivores qui s'entraident pour survivre dans les récifs coralliens. Les anémones de mer fournissent des endroits sûrs aux poissons-clowns en les laissant s'abriter parmi leurs tentacules. En échange, les poissons-clowns éloignent les prédateurs. Ils mangent aussi les restes des repas des anémones de mer.

« Ça ne pique pas ! »

Les tentacules des anémones de mer sont couverts de dards. Les anémones se servent de ces dards pour paralyser les petits poissons qu'elles veulent manger. Les poissons-clowns sont toutefois protégés par une épaisse couche visqueuse qui couvre leur corps et qui les empêche de sentir les piqûres des anémones.

Les décomposeurs

Les plantes et les animaux morts qui sont en train de se décomposer contiennent encore des nutriments, qu'on appelle des « détritus ». Certains organismes vivants mangent ces détritus. On dit que ce sont des « décomposeurs ». En décomposant les détritus, ils libèrent une partie des nutriments dans l'eau, où ils redeviennent disponibles pour les plantes.

Les décomposeurs marins

La plupart des décomposeurs présents dans les océans sont des bactéries. Ce sont de minuscules organismes vivants qui font partie de la chaîne alimentaire des détritus, comme celle qu'on voit à droite.

La chaîne des détritus

Quand une plante ou un animal meurt, par exemple un requin, il devient de la matière morte dans l'océan.

Les décomposeurs qui vivent dans l'océan, comme ces bactéries, mangent cette matière morte. Ils prennent une partie des nutriments contenus dans ces détritus et laissent le reste s'échapper dans l'eau.

Les nutriments ainsi libérés dans l'eau par les décomposeurs aident de nouvelles plantes à pousser.

Note : Les flèches pointent vers les organismes vivants qui reçoivent de l'énergie.

Une chaîne alimentaire en santé

Les décomposeurs jouent un rôle important dans toutes les chaînes alimentaires. Grâce à eux, les océans sont riches en nutriments dont les plantes ont besoin pour pousser. S'il n'y avait pas de plantes, beaucoup d'herbivores des récifs coralliens mourraient de faim. Et, s'il n'y avait pas d'herbivores, les carnivores mourraient de faim très vite à leur tour ! En aidant les plantes à pousser, les décomposeurs sont donc utiles à tous les niveaux de la chaîne alimentaire.

Les décomposeurs se font manger eux aussi ! Cette éponge tubulaire, par exemple, se nourrit de bactéries.

En libérant des nutriments dans l'eau, les décomposeurs aident les plantes à pousser. Ces plantes fournissent ensuite à manger aux nombreux animaux qui vivent dans les récifs coralliens.

Un réseau vivant

Chaque chaîne alimentaire comprend une plante, un herbivore et un carnivore. Tout comme toi, les animaux des récifs coralliens mangent différentes sortes d'aliments. Par conséquent, la plupart des plantes et des animaux font partie de plusieurs chaînes alimentaires. Quand un animal d'une chaîne alimentaire mange une plante ou un animal d'une autre chaîne, les deux chaînes s'entrecroisent. Il se forme alors ce qu'on appelle un « réseau alimentaire ».

Un exemple de réseau alimentaire

Le diagramme qu'on voit ici représente un réseau alimentaire dans un récif corallien. Les flèches pointent vers les organismes vivants qui reçoivent de l'énergie.

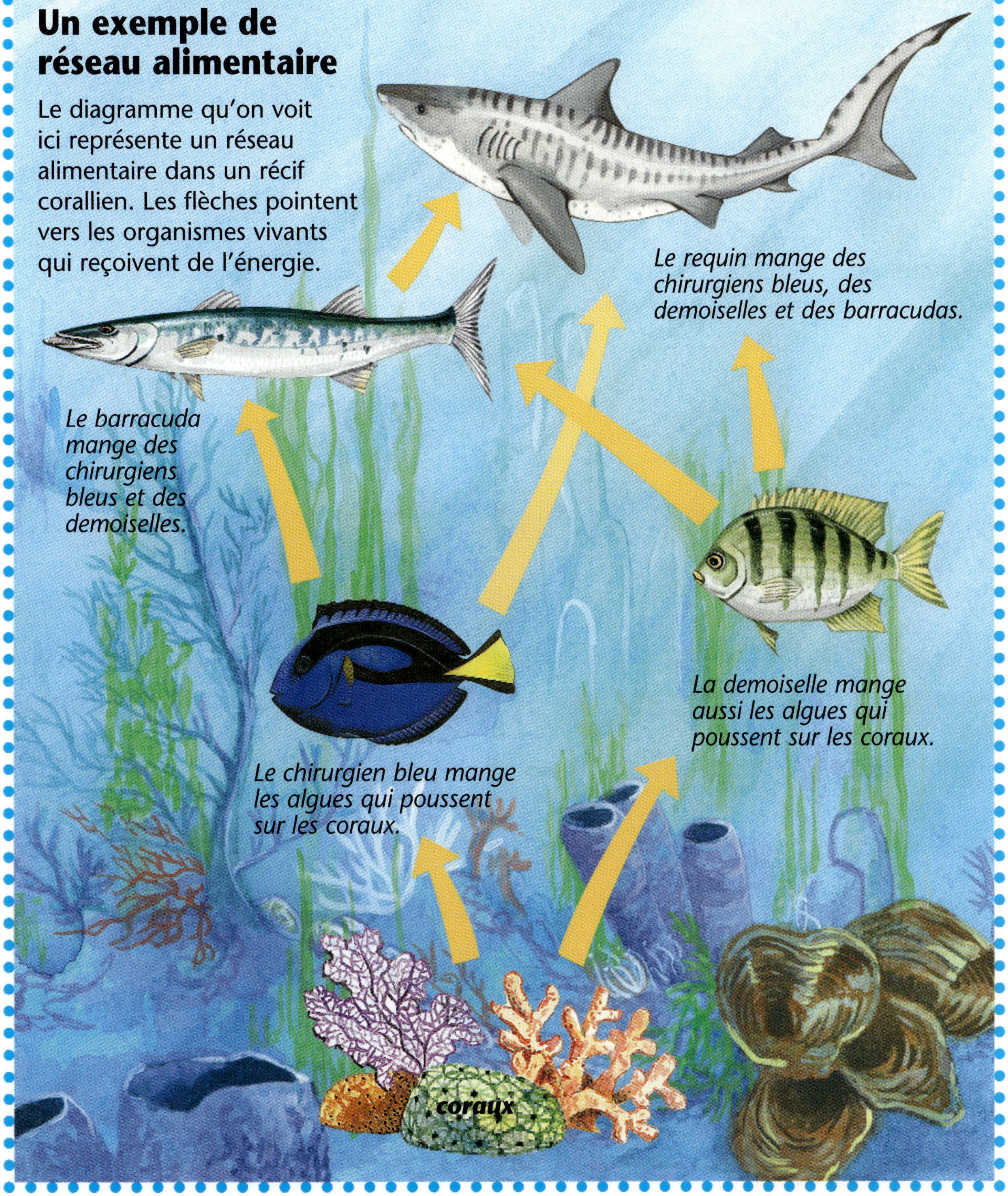

Le requin mange des chirurgiens bleus, des demoiselles et des barracudas.

Le barracuda mange des chirurgiens bleus et des demoiselles.

La demoiselle mange aussi les algues qui poussent sur les coraux.

Le chirurgien bleu mange les algues qui poussent sur les coraux.

coraux

Des récifs en danger

Les récifs coralliens sont menacés dans le monde entier, en particulier à cause des humains. Ces récifs ressemblent à de solides murs de pierre, mais ils sont en réalité très fragiles. Il arrive souvent que des bateaux les brisent simplement en les touchant. Les récifs peuvent aussi être endommagés quand des gens en prennent des morceaux afin de les vendre comme décorations pour les aquariums ou comme objets de collection. En abîmant ainsi les récifs, ces gens détruisent également l'habitat de nombreux animaux.

La surpêche

Les animaux qui vivent dans les récifs coralliens sont aussi victimes de la surpêche, ce qui se produit quand ils sont capturés en trop grand nombre dans un même secteur. La surpêche peut nuire à de nombreux réseaux alimentaires. Lorsqu'un animal disparaît, dans un réseau, beaucoup d'autres animaux sont touchés. Les hippocampes, par exemple, comme celui qu'on voit à droite, font l'objet d'une chasse intensive. Quand il n'en reste plus dans un récif, d'autres animaux comme les crabes, les tortues et les otaries ont moins à manger. Beaucoup risquent alors de mourir de faim.

Le blanchissement corallien

Le blanchissement corallien se produit quand les coraux perdent leurs zooxanthelles. Sans ces créatures colorées, les coraux deviennent blancs, comme celui qu'on voit à droite, et ne réussissent pas à capturer assez de nourriture pour survivre. Ils meurent donc rapidement. Les scientifiques pensent que la pollution de l'eau est une des causes de ce blanchissement. Cette pollution provient des déchets et des produits chimiques que les gens jettent dans les océans.

Le poison se répand dans de nombreuses chaînes alimentaires. Quand un poisson comme ce mérou mange des poissons empoisonnés, il s'empoisonne lui aussi. Si un barracuda le mange ensuite, il absorbe à son tour du poison.

L'empoisonnement des récifs

Certains poissons des récifs coralliens sont vendus dans des animaleries. Quand des gens plongent pour les capturer, ces poissons se cachent souvent dans les trous des récifs. Pour les forcer à sortir, les plongeurs projettent parfois du poison dans ces trous. Beaucoup de poissons meurent immédiatement, et ceux qui survivent sont envoyés dans les animaleries. La plupart d'entre eux mourront cependant après quelques semaines parce qu'ils ont absorbé du poison.

La protection des récifs coralliens

Pas de poison, s.v.p.

Même si tu habites loin des récifs coralliens, tu peux faire ta part pour les protéger. Si tu as un aquarium, n'achète jamais de coraux ou d'animaux des récifs coralliens pour le décorer. Tu éviteras ainsi d'encourager des gens à endommager ou à empoisonner les récifs.

Des océans propres

Pour aider à prévenir le blanchissement corallien, ne jette jamais de déchets ou d'autres substances polluantes dans les ruisseaux ou les rivières. Tu peux aussi demander à tes parents de ne pas se servir de **pesticides** sur la pelouse. Quand il pleut, ces pesticides s'écoulent dans l'eau des ruisseaux et des rivières, et ils finissent par se retrouver dans l'océan.

En plongée

Si jamais ta famille et toi allez plonger près d'un récif corallien, dis à tout le monde de ne pas toucher au récif ni aux animaux qui y vivent. Plusieurs de ces animaux, dont les polypes coralliens, sont très sensibles, et même le plus léger contact peut les tuer. D'ailleurs, il peut aussi être dangereux pour les humains de toucher à ces animaux : il y en a beaucoup qui mordent ou qui piquent !

Glossaire

équateur Ligne imaginaire qui entoure le centre de la Terre

gaz carbonique Gaz qu'on trouve dans l'air et dans l'eau, et dont les plantes ont besoin pour fabriquer leur nourriture

oxygène Gaz qu'on trouve dans l'air et dans l'eau, et dont les animaux ont besoin pour respirer

pesticide Produit chimique qu'on vaporise sur les plantes pour tuer les insectes

pigment Colorant naturel qu'on trouve dans certaines espèces de plantes et d'animaux

population Nombre total de plantes ou d'animaux d'une même espèce dans un endroit donné

récif corallien Grande structure sous-marine créée par une accumulation de squelettes de polypes coralliens

tentacule Organe allongé comme ceux dont les polypes coralliens se servent pour attraper leur nourriture

unicellulaire Se dit des organismes microscopiques formés d'une seule cellule

zostère marine Plante verte qui pousse dans l'océan

Index